AF582109

SOUVENIR

DES

FÊTES DE LA BÉATIFICATION

DE

JEAN-BAPTISTE DE LA SALLE

Allocution adressée aux Élèves du Pensionnat Saint-Joseph

Le 29 Avril 1888

Par M. l'Abbé PERGELINE

CHANOINE HONORAIRE DE NANTES ET DE TULLE

SUPÉRIEUR DE L'EXTERNAT DES ENFANTS-NANTAIS

NANTES

IMPRIMERIE VINCENT FOREST ET ÉMILE GRIMAUD

PLACE DU COMMERCE, 4

1888

ALLOCUTION

ADRESSÉE AUX ÉLÈVES

DU PENSIONNAT SAINT-JOSEPH

A l'occasion de la Béatification

DU VÉNÉRABLE JEAN-BAPTISTE DE LA SALLE

Laudate, pueri, Dominum, laudate nomen Domini.

Enfants, louez le Seigneur, louez le nom du Seigneur.

(Ps., CXII, 1.)

Mes chers Enfants,

Quelques jours avant sa mort, Notre-Seigneur Jésus-Christ descendait la montagne des Oliviers et faisait son entrée à Jérusalem. La foule courait joyeuse à sa rencontre. Elle jonchait le chemin de verdure et de fleurs et, à pleine voix, elle criait : « Hosanna au fils de David, béni soit celui qui vient au nom du Seigneur [1] ! » Les enfants étaient les plus empressés. Scribes et Pharisiens en séchaient de rage, et leur comman-

1. Matth. xxi.

daient de se taire. Mais les chers petits répondaient par une nouvelle explosion d'allégresse ; ils jetaient à tous les échos de Jérusalem la clameur triomphale : « Hosanna, hosanna. » A l'heure présente, mes amis, vous faites une ovation toute semblable à Jean-Baptiste de la Salle apparaissant sur les cimes éternelles, dans la gloire toute nouvelle de sa béatification : Hosanna au libérateur de la jeunesse ; hosanna au sublime Fondateur des Écoles chrétiennes. Les Scribes et les Pharisiens modernes s'efforcent, eux aussi, de vous imposer silence. Laissez-les dire, dédaignez leurs colères, continuez votre cantique. Oui, « louez le Seigneur. » *Laudate, pueri, Dominum ;* bénissez-le, rendez-lui grâces ; car, dans la personne du Bienheureux de la Salle, il vous donne, tout à la fois, un merveilleux modèle et un défenseur incomparable.

Des modèles, vous n'en manqueriez pas, si vous étiez moins difficiles. A tout instant, il s'en présente à votre admiration et à votre imitation. Vous êtes entourés de jeunes gens qui prétendent vous servir d'exemple : Fais comme nous, vous disent-ils, couronne-toi de roses, ne laisse aucune fleur sans la cueillir. La vraie jeunesse, c'est la jeunesse sans joug et sans frein. La jeunesse fainéante et voluptueuse, voilà l'idéal.

Les livres qu'une presse éhontée prodigue à la curiosité malsaine de votre âge, ne tiennent pas un autre langage. Ils ne mettent guère en scène que des jeunes gens emportés par la fougue des passions, licencieux, rongés de vices et, malgré cela, ou plutôt à cause de cela même, dédaigneux et fiers, se drapant dans l'abjection comme dans une pourpre royale.

Un des demi-dieux de la littérature contemporaine a fait un livre pour raconter sa jeunesse, une jeunesse sans religion et sans mœurs, plate et vile ; et il a eu l'effronterie de dédier ce livre « à ceux qui veulent devenir des hommes. »

Un autre, un académicien, haranguait, il y a deux ou trois ans, la jeunesse française. Savez-vous ce que célébrait ce raffiné, ce délicat ? Les jeunes gens qui, de la vie, ne prennent que le plaisir. Il pressait ses auditeurs de n'avoir pas d'autre devise que le *Gaudeamus* païen.

L'Eglise proteste, mes chers Enfants, elle proteste en flétrissant ces « canailles de doctrine, » comme les appelait, un jour, le Père Lacordaire ; elle proteste surtout en glorifiant ceux des serviteurs de Dieu dont la chaste jeunesse a charmé la terre et l'a embaumée de son parfum virginal. C'est ce qu'elle fait aujourd'hui, en cette splendide fête de la béatification de Jean-Baptiste de la Salle. Jean-Baptiste de la Salle, avant de devenir le prêtre fervent et l'austère religieux que vous savez, fut un enfant, un adolescent, un jeune homme admirable. Son historien n'a consacré que quelques pages à nous raconter sa jeunesse, mais si rares que soient ces pages, elles suffisent, elles disent tout, et elles le disent avec une simplicité plus éloquente que les discours les plus entraînants et les plus pompeux.

Jean-Baptiste enfant est ravissant à voir. Il a, selon que saint Grégoire de Nazianze l'a dit de saint Athanase, « un visage angélique et une âme plus angélique encore : *Facie angelicus, animo magis angelicus.* »

Son premier battement d'ailes prophétise ce qu'il sera plus tard. Uniquement épris de Dieu, c'est à Dieu qu'il aspire, c'est au ciel qu'il essaie de s'envoler. Tout le mystère de la foi est déjà dans sa conscience immaculée : *Habentes mysterium fidei in conscientiâ purâ* [1].

Sa grande joie est d'aller à l'église. Il y reste de longues heures, dans une extatique immobilité. « Ses amusements, dit son biographe, sont des essais de vertu, et la piété qui n'est guère en nous que le fruit latent et tardif de la grâce, prévient en lui la raison. »

Avec son divin Maître, à mesure qu'il croît en âge, il progresse en sagesse devant Dieu et devant les hommes [2]. A cet

1. I Tim., III, 9.

2. *Et Jesus proficiebat sapientiâ, et ætate, et gratiâ apud Deum et homines.* — Luc., II, 52.

âge critique de l'adolescence, si impatient de liberté, si souvent troublé par l'orage des passions naissantes, il est déjà consommé en vertu, mesuré, discret, modeste, laborieux, d'une obéissance qui ne connaît pas l'hésitation, et si pur qu'en le voyant, on se rappelle les charmantes images sous lesquelles l'Ecriture nous représente l'innocence : le lys sans tache, l'azur sans nuages, la blanche colombe, la source limpide. Regardez-le, et dites s'il ne mérite pas l'éloge qu'a fait de saint Bernard adolescent un antique biographe. Oh ! oui, c'est bien cela : « Une grâce toute surnaturelle qui transpire à travers sa chair ; sur son visage un reflet des splendeurs célestes ; dans son regard la candeur et la pureté, une beauté enfin qui jaillit victorieuse et rayonnante des ombres de sa mortalité [1]. »

Jean-Baptiste, malgré sa charmante nature, a-t-il à combattre les rudes combats de la jeunesse? Son historien ne le dit pas, mais nous ne pouvons pas en douter. Prédestiné à diriger d'innombrables jeunes gens, il faut qu'il connaisse les âpres difficultés de la lutte. Satan, d'ailleurs, le redoute et le hait trop pour ne pas l'assaillir de ses plus inexorables tentations.

Il va donc à la bataille ; mais il y va si intrépide et si généreux que sa vertu n'est même pas effleurée. De tous les combats il sort intact, sans blessure, plus chaste que jamais, et plus disposé à recommencer la partie.

Sa jeunesse, en effet, n'est pas une jeunesse inerte, molle, efféminée, énervée ; c'est une jeunesse active, vaillante, énergique, pleine de nobles et ferventes ambitions.

Il est de ceux qui, dès leurs premiers ans, disposent, dans leur cœur, les ascensions mystérieuses dont parle le prophète : *Ascensiones in corde suo disposuit* [2].

1. *Apparebat in carne ejus gratia quædam spiritualis. In vultu claritas præfulgebat non terrena, sed cœlestis. In oculis angelica quædam puritas et columbina simplicitas radiebat. Tanta erat interioris ejus hominis pulchritudo ut evidentibus quibusdam indiciis foras erumperet.* — Vita, lib. III.

2. Ps., LXXXIII, 6.

Sans doute, à ces ascensions vraiment audacieuses pour l'infirmité humaine, il est emporté par l'enthousiasme de la jeunesse, mais il y est soutenu par les mâles résolutions et la patiente fermeté qui sont le propre des âmes viriles et fortement trempées. A son gré, il n'est jamais assez loin de la terre. *Excelsior*, plus haut, *excelsior*, encore plus haut. Avec le héros de la ballade américaine, il escalade les sommets, s'en allant haletant d'impatients désirs vers l'éternelle beauté et l'éternel amour. A l'âge où la plupart des jeunes gens se traînent dans la poussière, quand ils ne rampent pas dans la fange, il est déjà si haut que les plus saintes âmes lui envient ses précoces élévations : *Excelsior*.

Dans sa religieuse jeunesse il réunit et résume les plus admirables jeunes hommes dont l'Ecriture nous ait raconté les exploits et les vertus : Abel, Isaac, Joseph, Jonathas, David, Tobie, les Machabées. Aussi fait-il l'honneur et la joie du foyer domestique. Il édifie toute la ville de Reims. On a pour lui plus que du respect, de la vénération.

De bonne heure il détermine et fixe la direction de sa vie. Point de tâtonnements, point d'oscillations. Il ne se demande ni comment il pourra accroître le riche patrimoine qu'il a hérité de sa famille, ni par quelle voie il arrivera aux honneurs. Il s'inquiète uniquement de la forme que devra revêtir son dévouement à l'Eglise et à la Patrie. Car, il l'a tout d'abord décidé, il fera de sa vie un holocauste à Dieu et aux hommes.

La question résolue, la détermination prise, il n'a plus qu'une seule sollicitude : se préparer au divin ministère, grandir en science et en vertu, se façonner au renoncement, à l'abnégation, au sacrifice, obtenir, à force de prières et de larmes, la grâce de boire à longs traits, aux fontaines du Sauveur, les sèves puissantes de la charité : *Haurietis aquas in gaudio de fontibus Salvatoris* [1].

1. Is., XII, 3.

Il est presque inutile d'ajouter que Jean-Baptiste de la Salle est un fils respectueux, un frère tendrement dévoué, un ami fidèle, un écolier laborieux, ne connaissant que le devoir et n'ayant pas de plus chère joie que de l'accomplir.

Voilà la jeunesse de la Salle. Sur cette tige si droite, si vigoureuse, si riche des sucs divins, quelle fleur va s'épanouir ! O la merveilleuse vie ! une vie tellement héroïque et féconde qu'elle frappera le monde de stupeur, et que toute l'Eglise de Dieu en sentira l'influence.

Et maintenant, mes amis, je vous demande si le Bienheureux n'est pas un modèle digne de vous.

Hélas ! me répondez-vous, il est sublime, sa perfection nous désespère. Nous sommes tentés de nous retourner vers les autres, vers ceux que vous avez stigmatisés, mais qui, pour nous attirer, ont des séductions que nous n'avons pas le courage d'écarter.

Gardez-vous-en bien, mes pauvres Enfants.

Vous détourner du Bienheureux de la Salle parce qu'il est parfait, ce serait, d'une part, vous priver de la plus noble joie que Dieu nous fasse sur la terre, celle de contempler la radieuse beauté des saints, et, d'autre part, ce serait méconnaître l'efficacité de la grâce. Dieu la mesure aux desseins qu'il a sur nous. S'il veut que, dans le champ de son Église, vous deveniez un cèdre, comme le Fondateur des Ecoles chrétiennes, il vous infusera la sève puissante qui fait les cèdres. S'il veut simplement que vous soyez un lys, il vous donnera celle à laquelle le lys doit sa blancheur et son parfum. N'ayez pas peur, Dieu ne vous manquera pas.

Non, vous ne vous détournerez pas du modèle que je vous ai présenté. Quant à aller grossir l'impure cohue des libertins, vous ne le pourriez qu'en vous avilissant. Avec eux vous descendriez dans un gouffre dont, présentement, vous ne soupçonnez pas l'horreur, mais qui, si vous aviez l'imprudence de le côtoyer et de vous pencher vers lui, vous donnerait le vertige et finirait par vous dévorer. Laissez, laissez à ses abjections la triste jeunesse qui vous invite à la suivre. Vous, restez sur les sommets avec l'humble et fier adolescent que nous venons d'admirer.

Ah ! si vous saviez le témoignage que rend à la divinité de la religion un jeune homme véritablement chrétien !

Un des grands théologiens du moyen âge, Duns Scott a dit cette belle parole : « Toute créature est une théophanie, une manifestation de Dieu. » *Omnis creatura est theophania.* Il aurait pu ajouter que, des innombrables révélations de Dieu qui composent l'univers, la plus resplendissante et la plus touchante, c'est un jeune homme ayant gardé ou recouvré l'intégrité de sa vertu. Cette vertu qui fleurit sur les fanges terrestres, cette pureté qui conserve sa fraîcheur au milieu des feux dévorants de la concupiscence, cette foi qui s'affirme sans honte et sans crainte, en face de l'apostasie presque universelle, oui, c'est une théophanie qui célèbre Dieu plus magnifiquement que les étoiles et les soleils.

En glorifiant Jean-Baptiste de la Salle, Dieu vous donne un défenseur en même temps qu'un modèle.

Un défenseur... Êtes-vous donc en péril ? Qui vous menace, qui vous attaque ? Où sont vos ennemis? — Vos ennemis pullulent. Sans parler de Satan, l'immortel menteur qui fut homicide dès le commencement : *Ille homicida erat ab initio* [1], il y a votre imagination vagabonde, votre cœur sensuel et ardent, votre volonté inconstante et débile, la chair qui sert de vêtement à votre âme, la curiosité de vos yeux, la trop complaisante attention de vos oreilles, l'intempérance de vos lèvres, votre jeunesse, en un mot, votre jeunesse inexpérimentée, insouciante, légère, présomptueuse, avide de plaisir.

1. JOAN., VIII, 44.

Des adversaires de votre chasteté et de votre foi, vous pouvez en rencontrer partout; je dis partout, même au foyer domestique, même dans la sainte maison qui abrite votre adolescence.

Inutile de poursuivre cette terrible énumération. Mais vous avez un ennemi qu'il est de mon devoir de vous signaler, parce que, aujourd'hui, c'est lui qui mène tous les autres à l'assaut de la jeunesse chrétienne. Je veux parler de l'impiété, vieille comme le monde, mais qui, de notre temps, s'est comme renouvelée et rajeunie pour vous porter des coups plus formidables et plus sûrs.

Oui, mes amis, à l'heure qu'il est, vous êtes sa proie de prédilection. Elle vous veut; elle a juré de vous ravir aux saintes tendresses qui vous protègent et vous gardent. Elle l'a décrété dans les antres ténébreux où se machinent ses complots.

Mais pourquoi cette hâte de saisir et de tuer vos âmes? — Pourquoi? parce que l'impiété contemporaine exècre Jésus-Christ et que vous êtes les bien-aimés de Jésus-Christ; parce que vos âmes sont, avec celles de vos mères, le dernier refuge du Sauveur ici-bas, parce que vous croyez en lui, parce que vos cœurs lui appartiennent, parce que vos lèvres le bénissent et le chantent, parce que vos vies imitent et reflètent la sienne. Pourquoi encore? parce que vous êtes la chère espérance de l'Église. « C'est sur vous que repose, dans la vertu de Dieu, ce qui reste au monde d'honneur et de gloire [1]. »

Si l'impiété ne vous atteignait pas, si vous échappiez à ses pièges et à ses violences, elle croirait n'avoir pas encore commencé son œuvre; au moins la regarderait-elle comme sérieusement compromise et menacée. C'est vrai, se dirait-elle, j'ai déjà accompli un gigantesque labeur : la vérité vilipendée, la liberté garrottée, la société démantelée, la civilisation chré-

1. *Quod est honoris, gloriæ et virtutis Dei, super vos requiescit.* I Pet., IV, 14.

tienne de toutes parts entamée ; il y a amplement là de quoi me gonfler d'orgueil et de joie. Mais à quoi bon tout cela si une nombreuse et importante portion de la jeunesse est soustraite à mon influence et à mon action ? L'Eglise s'emparera d'elle et la façonnera à son gré ; elle lui donnera ses convictions obstinées, elle lui communiquera son aveugle fanatisme. Cette jeunesse, catholique malgré tout, je la trouverai, un jour, me barrant le chemin et me disputant mes conquêtes. Elle fera plus que me les disputer, elle me les arrachera. Elle relèvera la croix renversée, elle délivrera la vérité du bâillon imposé à ses lèvres, elle brisera les chaînes dont j'ai chargé les mains de la justice. J'ai la longue expérience de l'histoire. Toutes les fois qu'une jeunesse vraiment religieuse et vraiment chaste s'est dressée contre moi, j'ai été vaincue. Les Machabées sont indomptables.

Afin de prévenir cette défaite, l'impiété s'est mise à l'œuvre, bien déterminée à ne la pas quitter qu'elle ne soit achevée.

Tout ce qui peut corrompre votre cœur, enténébrer votre foi, affaiblir votre raison, elle le tente. Elle empoisonne toutes les sources où vous vous abreuvez, toutes les fleurs dont vous respirez le parfum. Elle se cherche et elle s'assure des complices jusque dans vos études. Elle fait mentir l'histoire et blasphémer la science. A tout ce qui vous parle de Dieu, elle impose silence, même à la grande voix de l'Océan, même au concert des cieux. Elle bafoue l'autorité de vos parents ; elle calomnie vos maîtres. Elle ne se contente pas de les calomnier, elle les persécute, et ne recule devant aucun crime pour vous soustraire à leur clairvoyante et vigilante sollicitude.

Ne nous le dissimulons pas, c'est une guerre formidable. Les résultats déjà acquis sont désastreux. Que de victimes ! Que de jeunes hommes, prédestinés, semblait-il, à l'honneur et à la paix d'une vie chrétienne, on voit s'en aller, à travers le monde, ivres du vin de la mort, chancelants sous cette ivresse immonde, insolents envers les hommes, plus insolents encore envers Dieu, balbutiant le blasphème, en attendant qu'ils le vocifèrent, lorsque seront morts dans leur cœur les chastes souvenirs de leur adolescence.

Si Dieu n'était que juste, il laisserait faire, il laisserait se consommer le triomphe des impies ; car ce triomphe serait leur châtiment et celui de la folle société qui les écoute. Oui, il leur abandonnerait sans réserve cette jeunesse qu'ils ne convoitent que pour la pervertir. Ils la formeraient à leur ressemblance, ce serait assez ; la vengeance divine pourrait se rassasier. On reverrait les Vandales promenant partout la hache et la torche, s'acharnant sur les ruines elles-mêmes, les saccageant et les livrant à des profanations inconnues jusqu'ici.

Mais non, mes Enfants, Dieu ne veut pas que l'impiété achève sa sacrilège entreprise. Aussi vous envoie-t-il un nouveau champion, un nouveau défenseur de votre jeunesse.

Vous connaissez la tragique histoire d'Héliodore : dès que, malgré les protestations du grand-prêtre et la consternation suppliante de la cité, le profanateur eut porté la main sur le trésor du Temple, il fut soudain flagellé par les anges et foulé aux pieds par le coursier écumant de colère que montait un cavalier rayonnant de beauté.

Eh bien ! mes Enfants, vous êtes plus chers à Dieu que le trésor sacré des Juifs. Voilà pourquoi il a commandé à son serviteur Jean-Baptiste de la Salle de descendre sur le champ de bataille où se jouent vos destinées temporelles et éternelles.

Vous ne l'y voyez pas éblouissant et superbe comme les anges qui châtièrent Héliodore ; mais, pour rester invisible à vos yeux, il n'en est ni moins ardent, ni moins puissant qu'eux. D'où venaient aux vengeurs du Temple leur impétuosité et leur ardeur ? De leur amour pour le sanctuaire du Dieu vivant. Or le Bienheureux de la Salle vous aime plus que les anges n'aimaient le Tabernacle. Il va donc, avec une infatigable persévérance, disputer vos âmes aux profanations de l'impiété.

Qu'il vous aime, vous n'en pouvez douter. Vous avez lu sa

vie, vous savez par conséquent que, pour les enfants et les adolescents, il n'est pas de sacrifice qu'il n'ait accepté, pas de fardeau qu'il n'ait porté, pas d'amer calice qu'il n'ait épuisé, pas de tristesse qu'il n'ait laissée écraser son cœur, pas d'opprobre sous lequel il n'ait courbé la tête, pas d'agonie qu'il n'ait endurée.

Croiriez-vous, par hasard, que l'amour, inspirateur de toutes ces immolations sublimes, s'est éteint dans son cœur, quand son cœur a cessé de battre sur la terre ?

Quoi ! le ciel serait la patrie de l'oubli, « *terra oblivionis* »[1] ? Dès qu'un élu y fait son entrée, Dieu se hâterait d'étouffer dans son âme la flamme que lui-même a allumée ! Non, n'est-ce pas, mes amis, vous n'avez point ces tristes pensées ? Vous l'avez appris de l'Apôtre, « la charité ne meurt jamais » : *Charitas nunquam excidit*[2].

Elle s'alimente et se renouvelle sans cesse, en aspirant le feu divin dont le cœur de Jésus est l'inextinguible foyer.

Vous en avez donc la certitude, bien loin de s'être éteint, ou seulement attiédi, l'amour de la Salle pour la jeunesse a pris au ciel de nouvelles ardeurs, et s'est imprégné d'une tendresse que ne connaissent pas les entrailles des mères.

Mais, mes Enfants, vous me posez une question à laquelle je m'attendais : Soit, dites-vous, il nous a gardé son amour; nous ne pouvons douter de son cœur. Dans les périls ordinaires de notre âge, il nous assistera efficacement. Quand la tempête se déchaînera et que le torrent impur s'efforcera de nous emporter, il nous encouragera et nous soutiendra. Nous sentirons passer sur notre âme le souffle vivant de sa charité. Il nous aidera à vaincre ces ennemis du dedans que vous nous avez signalés : les écarts de notre imagination, les faiblesses de notre cœur, les basses convoitises de nos sens. Mais le colossal

1. Ps., LXXXVII, 13.
2. I Cor., XIII, 8.

adversaire de la jeunesse contemporaine, l'impiété, pourra-t-il le terrasser? Est-il suffisamment armé contre lui? Est-il de force à lutter avec les légions antichrétiennes qui, à l'heure présente, associent leurs haines et leurs forces pour nous ravir à l'Eglise et à Dieu?

Un mot va vous répondre : comme le Prophète, il est entré dans les puissances du Seigneur : *Introibo in potentias Domini*[1]. Que voulez-vous de plus? Qui peut se mesurer avec Dieu[2].

Toutes les puissances qu'il avait sur la terre, il les possède au ciel, mais agrandies, dilatées, sans mélange de faiblesse et d'imperfection, débarrassées de toutes les entraves du temps et de la mortalité.

Ici-bas, il avait la triple vertu des larmes, de la prière et du sang; l'éternité ne la lui a pas ôtée.

Je le sais, au ciel il ne pleure plus; mais les larmes qu'il a versées par torrents, ces larmes saintes qui triomphent de l'Invincible lui-même[3], elles sont toujours devant Dieu et, toujours aussi, elles plaident, avec la même éloquence, les causes pour lesquelles elles coulaient : *Posuisti lacrymas meas in conspectu tuo*[4].

D'ailleurs, s'il ne pleure plus dans le paradis, il y prie, et ses prières sont de ces victorieuses supplications auxquelles ne résistent ni les hommes ni Dieu : *Victoriales preces*.

Au ciel, enfin, il est ce qu'il était dans son exil, une hostie vivante, sainte et agréable à Dieu : *Hostiam viventem, sanctam, Deo placentem*[5].

Je disais tout à l'heure que ses larmes sont toujours devant Dieu; il en faut affirmer autant de son sang, du sang de sa chair et du sang de son cœur, de ce sang d'un juste dont un illustre

1. Ps., LXX, 15.
2. *Contra Deum pugnare non est facile.* — Eccli., XLVI, 8.
3. *O lacryma humilis... vincis Invincibilem.* — Pet. Cœl.
4. Ps., LIV, 9.
5. Rom., XII, 1.

écrivain prétend qu'il ne faut qu'une seule goutte pour noyer les armées des persécuteurs [1]. Comment voulez-vous qu'il n'ait pas une vertu divine ? Il coule, sur l'autel de l'éternité, mêlé à celui que l'Agneau toujours immolé et toujours vivant, offre incessamment à son Père.

Mes Enfants, quand Jésus-Christ voit sa miséricorde vaincue par la malice obstinée des hommes, il se transfigure. Ce n'est plus un agneau, c'est un lion. Il jette à tous les échos du monde les rugissements de sa colère. Il frémit, il bondit ; en un clin d'œil ses ennemis ont disparu.

Ainsi font les saints. Si donc votre bienheureux défenseur constate que vos ennemis résistent à ses prières, à ses larmes, au sang de son sacrifice, il usera de la puissance vengeresse dont sont investis les serviteurs de Dieu.

Quel châtiment infligera-t-il à l'impiété contemporaine ? Je l'ignore. La flagellera-t-il, comme les anges flagellèrent Héliodore ? La jettera-t-il aux gouffres creusés pour engloutir les scandaleux, comme Moïse jeta Pharaon et son armée aux abîmes tumultueux de la mer ? Fera-t-il, comme Elie, tomber le feu du ciel ? Ira-t-il, comme Cyrus, chercher Balthasar jusque dans la salle du festin, et le surprendra-t-il buvant le vin de l'orgie dans les vases ravis aux autels du vrai Dieu ? Livrera-t-il le nouvel Antiochus à la pourriture et aux vers ? Encore une fois, je ne le sais pas ; c'est le secret de Dieu. Mais croyez-le fermement, mes amis, il ne vous abandonnera pas ; il ne quittera pas le combat qu'il ne vous ait reconquis, non pas le droit, — vous ne l'avez jamais perdu — mais la liberté d'aimer et de servir Dieu, son Christ et sa sainte Eglise.

N'y eût-il que lui à lutter pour vous ; fût-il seul à faire face à l'ennemi, il suffirait ; car, je le répète, il est armé de la toute-puissance de Dieu. Mais il ne sera pas seul. Il appellera à votre aide et ralliera autour de lui tous les saints qui furent

1. Louis Veuillot. *Parfums de Rome*, in-12, p. 158.

au service de la jeunesse et, avec eux, les angéliques enfants et les sublimes jeunes hommes que Dieu a prématurément ravis à la terre, pour en parer son paradis.

Vous le pensez bien, mes amis, il n'oubliera pas ceux des élus qui marchaient ici-bas sous son étendard et qui, maintenant, règnent avec lui dans la gloire.

Ce sera une armée semblable à celle que l'Apocalypse nous montre traversant l'immensité des cieux. Jésus-Christ lui-même la mènera à la bataille, assis sur un coursier plus rapide que la tempête, vêtu d'une robe de sang, le glaive aux lèvres, la tête chargée de diadèmes [1].

C'est vous dire que cette armée ira sûrement à la victoire : *Exivit vincens ut vinceret* [2]. Jésus-Christ est vainqueur par essence, mais, ne le fût-il pas, nous aurions, pour garant du succès, la béatification de Jean-Baptiste de la Salle. Dieu ne le glorifierait pas, comme il le fait de nos jours, s'il ne lui préparait pas le triomphe. Il n'est pas possible qu'il le présente à la vénération du monde, pour lui infliger, presque aussitôt, l'humiliation de la défaite et de la ruine.

Le triomphe sera-t-il prompt ? se fera-t-il attendre ? Je ne puis pas vous le dire. Dieu seul a la connaissance et la disposition des temps [3]. Mais viendra infailliblement, pour l'impiété, le jour d'une honteuse déroute. Tôt ou tard, la société désabusée se retournera contre les misérables qui l'auront déshonorée et ravagée, en la déchristianisant. Arrière, leur dira-t-elle, arrière, rentrez dans vos cavernes, je ne veux plus de vous pour élever mes fils. Vous ne savez faire que des sceptiques et des libertins. Il me faut des instituteurs chrétiens. Revenez , humbles Frères que j'ai eu la folie d'éloigner ; rouvrez vos écoles fermées par mes aveugles rancunes. Vous

1. Apoc., xix, 12, 13, 14, 15.
2. Apoc., vi, 2.
3. Act., i, 7.

seuls pouvez, en évangélisant les nouvelles générations, réparer le passé et préparer l'avenir.

Mon Dieu, hâtez ce jour, précipitez vos miséricordes : *cito anticipent nos misericordiæ tuæ* [1]. Vous le voyez, Seigneur, les âmes se perdent, l'Eglise pleure, la France s'en va aux grandes catastrophes. Venez vite et délivrez-nous : *Ascende cito et libera nos* [2].

Bienheureux Jean-Baptiste, appuyez nos prières de vos victorieuses supplications ; pressez, pressez l'éternel Amour : faites instance, encore, encore, jusqu'à ce que vous entendiez tomber cette parole des lèvres adorables du Maître : *Factum est* : C'est fait [3].

1. Ps., LXXVIII, 8.
2. Jos., X, 6.
3. Apoc., XII, 6.

Nantes. — Emile Grimaud, imprimeur breveté, place du Commerce, 4.

www.ingramcontent.com/pod-product-compliance
Lightning Source LLC
LaVergne TN
LVHW050516160826
845677LV00003B/1176

* 9 7 8 2 3 2 9 6 1 6 0 9 4 *